Elbenstein

Soldatenkatechismus, nach den Grundsätzen des Krieges

und der Religion abgehandelt

Elbenstein

Soldatenkatechismus, nach den Grundsätzen des Krieges
und der Religion abgehandelt

ISBN/EAN: 9783743497962

Hergestellt in Europa, USA, Kanada, Australien, Japan

Cover: Foto ©ninafisch / pixelio.de

Weitere Bücher finden Sie auf **www.hansebooks.com**

Soldatenkatechismus,

nach den
Grundsätzen
des
Krieges und der Religion
abgehandelt.

Samt einem Anhange, wie ein Soldat
im Felde seine sterbende Kameraden, in
Ermanglung eines Beichtvaters, zum Tode
disponiren solle.

Zum Druck befördert
von
Elbenstein.

Quid prodeſt homini, ſi mundum univerſum lucretur, animæ vero ſuæ detrimeutum patiatur? Matth. 16.

Was nüget es den Soldaten, wenn ſie die ganze Welt gewinnen, an ihrer Seele aber Schaden leiden und ewig verdammet werden?

Eſtote parati. Matth. 24.
Seget munter und wachſam.

Omnes, enim nos manifeſtari oportet ante Tribunal Chriſti, ut referat unusquisque propria corporis, prout geſſit ſive bonum, ſive malum. 2. Corinth

Denn wir müſſen Alle, Keiner ausgenommen, mithin auch die Soldaten, vor dem Richterſtuhl Jeſu Chriſti erſcheinen, damit ein Jeder empfange, was ſeinem Leibe gebühret, in Anſehung des Guten, oder des Böſen ſo er wird ausgeübet haben.

7

Soll sich ein Soldat begnügen, ein rechtschaffener
Mensch zu seyn?

Ein Soldat soll den Ruf eines rechtschaffenen
Menschen haben, und es auch in der That seyn;
dieses ist aber noch nicht genug: er muß auch
Religion haben, und an seinem Seelenheil arbeiten.

Ein Mensch ohne Religion kann kein rechtschaffener Mensch seyn. De———nket ist dieses schönen Namens, welcher———ugenden zum
Voraus setzet, die man nie bey einem Menschen
ohne Religion finden wird, nicht würdig.

Selbst die Heiden verabscheueten die Athei-
sten. Diese Unsinniggottlose, die in ihrem Herzen sagen, es seye kein Gott, sind unwürdig der

Freundschaft, und des Zutrauens rechtschaffener Leute. Man muß diese Abendtheuer fliehen. Es ist kein Laster, dessen sie nicht fähig sind. Von einem Menschen ohne Religion hat man alles zu befürchten.

Man verschwendet den schönen Namen eines rechtschaffenen Menschen wohl an viele Leute, die ihn nicht verdienen. Den Wirth, den Kaufmann, und die Dienstbothen schlecht bezahlen; überall, wo man durchreiset, Schulden hinterlassen; mehr ausborgen und aufnehmen, als man zurückzuzahlen im Stande ist; auf des Nächsten Unkosten großthun, und sich lustig machen; seiner Familie, dem Staat, dem Fürsten Schaden zufügen; seine Freunde entehren, und sein Amt vernachläßigen; seiner Pflicht vergessen, wenn man aus den Augen der Menschen ist; in allen Gelegenheiten den guten Namen derjenigen verkleinern, die man nicht leiden kann; sein Leben in dem Müssiggang, Spiel und eitlen Beschäftigungen zubringen; sich mehr durch Leidenschaften als Vernu_____ _____lassen; seine Handlungen allezeit aus _____ _____ Eigensinn ausüben: dieses, dies _____ vieler Leute, welche den Ruf eines _____ Menschen mißbrauchen.

Ein re_____ ___ Mensch ist dieser, welcher gemeiniglich der gesunden Vernunft folget; er liebet seine Pflicht, und erfüllet solche sowohl in Geheim, als öffentlich; wenn man ihn tadelt so, als wenn man ihn lobet; wenn er keinen Vortheil dabey findet so, als wenn es ihm nützlich ist, und Ehre bringt. Man bleibet nicht standhaft in Folgung der Vernunft, wenn man ohne Religion ist. Ein Freydenker läßt sich fast zu allem durch seine Leidenschaft leiten; er ist weder gut Freund, weder gut Bürger, weder gut Vorsteher u. s. w. Die Pflichten eines rechtschaffenen Menschen erfüllet er erst alsdenn, wenn er in solchen seine Lust und Eigennuß findet. Wenn der Geist verderbet ist, so sind auch die Sitten verdorben. Keine Rechtschaffenheit ohne Religion.

Es ist fürwahr kein größerer rechtschaffener Mensch als ein tapferer Soldat, der sich das Heil seiner Seele angelegen seyn läßt.

Kann man in dem Soldatenstande das Heil seiner Seele machen?

Ja ohne allem Zweifel. Der Soldatenstand in sich selbst hat nichts dem Evangelio zuwider. In der heiligen Schrift wird Gott öfters ein Gott der Heerschaaren genennet, ja Gott selbsten hat öfters den Israeliten befohlen, ihren Feinden den Krieg anzukünden. Die Kirche verordnet Gebete für das Glück der christlichen Waffen. Die Soldaten sind in einem Staate unentbehrlich, um die Ordnung und den Frieden zu erhalten, und ihn wider seine Feinde zu schützen.

Der Vorläufer Jesu Christi sagte zu den Soldaten keineswegs, daß sie ihren Stand verlassen sollten; sondern er ermahnete sie, heilig zu leben.

In dem Soldatenstande sowohl als in allen anderen Ständen kann man das Heil seiner Seele ganz sicher wirken; das ist: der Soldat kann so wie jeder andere Christ seine Seele vor der Hölle bewahren, und den Himmel verdienen.

Der Himmel ist unser Ziel; die Heiligkeit ist der Weg, welcher zu diesem glücklichen Ziel führet. Die Hölle ist die ewige Bestrafung jener, welche nach diesem glücklichen Ziel, zu welchem wir alle berufen sind, nicht wandern wollen.

Durch ein frommes und heiliges Leben allein kann man selig werden. Der Himmel ist nur für heilige, und alle, die nicht heilig sterben, werden in die Hölle gestoßen.

Kann sich ein Soldat heiligen?

Ein Soldat kann sich in seinem Stande so gut heiligen, als ein Geistlicher in dem seinen. Zu allen Zeiten hat man unter den Soldaten Heilige gesehen, welche sich nicht weniger durch ihre Frömmigkeit als Tapferkeit ausgezeichnet haben. Der König David ist auf der ganzen Erde wegen seinen Schlachten und Siegen berufen gewesen. Die heilige Könige von Juda wurden von ihren Feinden geehret und gefürchtet.

Die erſten römiſchen Kaiſer hatten keine beſſere Soldaten als die chriſtlichen. In den Geſchichten aller chriſtlichen Völker, findet man große Heilige, welche große Helden geweſen. Die Kirche vereh‐ ret heilige Kaiſer und Könige, welche den Muth und Unerſchrockenheit eines tapferen Soldaten, und die Geſchicklichkeit eines großen Feldherrn be‐ ſeſſen. Man hat zu unſeren Zeiten mehrere ta‐ pfere Soldaten geſehen, die erhabenſte Tugend des Chriſtenthums im Kriege ausüben.

Iſt ein Soldat ſchuldig, an ſeiner Selbſtheiligung zu arbeiten?

Jeder chriſtliche Soldat iſt durch die Taufe ein Glied der heiligen Kirche geworden: er wird theilhaftig der Sakramenten der Heiligen: er iſt berufen zu der Belohnung der Heiligen. Der Menſch iſt keiner anderen Urſache wegen auf der Welt, als um dieſe Belohnung zu verdienen; man kann aber ſolche nicht anderſt verdienen, als da man ſich ſelbſt heiliget; folglich ſind die Soldaten ſo wie jeder andere Chriſt ſchuldig an ihrer Heiligung zu arbeiten: ohne dieſem iſt kei‐ ne Seeligkeit für Sie.

Worin beſteht die Heiligkeit eines Soldaten?

Dieſe Heiligkeit beſtehet in der chriſtlichen Erfüllung aller Pflichten eines Chriſten, und ei‐ nes tapferen Soldaten.

Das Wesentliche der Heiligkeit ist das nämliche in allen Ständen: es bestehet in einem aufrichtigen und thätlichen Willen, alle Gebote Gottes zu halten; diesen heiligen Geboten gemäß leben heißt wahrhaft heilig seyn. Im Kriege nicht weniger als im geistlichen Stande ist man schuldig, die Gebote Gottes zu halten. Alles Geschöpf ist diesem allerhöchsten Herrn den Gehorsam schuldig.

Die Gebote Gottes verbinden uns zu Pflichten, die allen Christen, wessen Standes sie immer seyn mögen, gemein sind. Sie legen aber auch Pflichten auf, die jedem Stande insbesondere angemessen sind. Ein jeder Stand hat seine besondere Pflichten. Die dem Christenthum gemeine Pflichten, und die Pflichten seines Standes getreu erfüllen, dieses heißt heilig seyn.

Die Kirche verehret so viele tapfere Soldaten aus keiner anderen Ursache, als weil sie gute Christen und gute Soldaten gewesen. Ein Soldat ist kein guter Christ, wenn er kein guter Kriegsmann ist, und niemalen ist er ein besserer Kriegsmann, als er als ein guter Christ lebet.

Welche sind die Pflichten eines Officiers?

Der Officier ist in seinem Gewissen schuldig, unter seinen Truppen die Kriegszucht auf-

Fürsten genau beobachtet werden; er muß trachten seine Untergebene in ihrer Schuldigkeit zu erhalten; sie durch sein eigenes Beyspiel, Wachsamkeit und gesetztes Wesen anzufrischen und aufzumuntern; und alle andere Pflichten, so ihm sein Charakter auferlegt, treulich zu erfüllen.

Die Kriegskunst ist eine Wissenschaft, welche schwer zu erlernen: und es sind doch wenige, die sich auf solche verlegen. Man bringet öfters mehrere Jahre in dem Kriege zu, ohne auf die verschiedenen Fälle, so da vorgehen, aufmerksam zu seyn, und auf das Betragen und Vorkehrungen der Generals und des Commandirenden acht zu haben, um den gehörigen Nutzen hieraus ziehen zu können. Man eraltet in dem Dienst, ohne solchen erlernet zu haben. Nichts destoweniger avanciret man von Grade zu Grade; man trachtet nach Ehrenstellen; man erhält sie, ohne sehr fertig in der Kriegskunst zu seyn; und man steiget durch das Recht des Dienstranges zu beträchtlichen Bedienungen, denen man vorzustehen nicht im Stande ist: hieraus entstehen tausend Unordnungen.

Gleichwie eine Rechtsperson sündiget, wenn sie aus Unwissenheit übel urtheilet; eben so sündiget ein Officier, wenn er die ihm untergebene Truppen aus Unwissenheit übel commandiret. In allen Ständen ist man bey Ehre und im Gewissen schuldig, einem Amte zu entsagen, dem

Welche find die eigentlichen Pflichten eines gemeinen
Soldaten?

Der Soldat soll in allem getreu seyn seinem
Fürsten und dem Vaterlande; jedem ihm Vorgesetzten ist er den Respekt schuldig; er muß die
ihm zukommende Kriegsübungen mit allem Fleiß
erlernen; allen seinen Oberen mit Unterthänigkeit und ohne Murren gehorchen; seine Kriegs-
dienste mit schärfester Genauigkeit verrichten; seinen Posten getreu und standhaft bewachen; und
sich überall und in Ansehung der ganzen Welt mit
Gerechtigkeit und Bescheidenheit betragen.

Ist es einem Soldaten jemals erlaubet, auszureiffen?

Eine böse That ist zu keiner Zeit, und aus
keiner Ursache erlaubet. Das Ausreissen ist eine
schändliche und verabscheuungswürdige Handlung; alle Völker haben es als ein Laster, welches die größten Martern verdienet, angesehen.
Vorzeiten liessen die Teutschen ihre Ausreis-
ser an Bäume aufknüpfen. Xerxes der Perser
König verurtheilte sie zum Tote des Kreuzes; die
Athenienser ließ ihnen den rechten Daumen ab-
hauen, und das Angesicht mit einem spitzigen
Eisen durchritzen; der junge afrikanische Scipio
ließ sie den wilden Thieren aussetzen; Kaiser
Ludwig der zweyte befahl, sie durch vier Pferde
zu zerreissen.' Die Strafen, mit welchen heutzu

Tage die Fürsten ihre Ausreiſſer belegen laſſen, ſind nicht weniger ſcharf, und ohnehin bekannt.

Das Unterhalten und Aſſentiren des Soldaten iſt ein wahrer Kontrakt, welcher ihn dem Fürſten und dem Staate verbindet; dieſen Kontrakt beſchwöret er annoch durch den bekannten Soldateneid; und in ſolch m gelobet er Blut, Leib und Leben für ſeinen Fürſten aufzuopfern eher, als ihm untreu zu werden.

Wenn der Soldat ausreiſſet, um gar nicht mehr zu dienen, ſo macht er ſich der Zaghaftigkeit, der Ungerechtigkeit, und der Untreue ſowohl gegen den Staat, als den Fürſten ſchuldig.

Reiſſet der Soldat aus, um bey dem Feinde Dienſte zu nehmen, ſo iſt ſeine Deſertion die alleräbſcheulichſte, und verdienet die allergrößten Strafen. Ein ſolcher Ausreiſſer iſt ein Aufrührer und Verräther, der ſich wider ſeinen Fürſten und Vaterland waffnet; er iſt ein widernatürliches Kind, welches ſeiner Mutter den Krieg ankündiget; er iſt dem Judas gleich: er verräth ſeinen Meiſter.

Die chriſtliche Soldaten, welche unter den heidniſchen Kaiſern dienten, haben lieber den Tod gelitten, als deſertiren wollen; denn ſie ſahen die Deſertion für eine Sünde an, welche die Strafe der Hölle verdienet.

Jeder Soldat, nachdem er aſſentirt worden, ſchwöret ſeinem Fürſten den Eid der Treue:

der Ausreiffer bricht den Schwur, und den Eid; er ziehet sich also die Strafe der Meineidigen von Gott zu; weswegen auch der größte Theil der Deserteurs elendiglich zu Grunde gehet.

Wie sollen sich die Soldaten unter einander betragen?

Die Soldaten sollen beflissen seyn vor allem, den Frieden und die Einigkeit unter sich zu erhalten. Die Spaltung und Uneinigkeit, welche allen Gemeinden schädlich ist, hat noch üblere Folgen in der Armee. Ein weiser Soldat meidet sorgfältig dieserwegen alles, was seinen Nächsten beleidigen kann: wird er beleidiget, so siehet er durch die Finger, und nimmt nicht leicht was übel auf; er ersticket auch den geringsten Funken von Spaltungen und Streitigkeiten; er enthält sich von allen ehrenrührischen Worten; er kommt seinen Kameraden mit gutem Dienste zuvor; er behandelt sie allzeit mit Liebe; er begegnet ihnen anständig, ohne jedoch mit den Freydenkern, Gottlosen und ärgerlichen Sündern besonderen Umgang zu haben. Ein weiser Mann fliehet die bösen Gesellschaften.

Wie soll sich der Soldat auf dem Marsche verhalten?

Der Soldat, wenn er auf dem Marsche ist, soll beflissen seyn, keinem Menschen, so viel als möglich, zur Last zu seyn; in den Ortschaften, wo er durchreiset, keinem etwas wegnehmen; Nie-

manden etwas zu Leibe thun; sich auf dem Marsche nicht aufhalten, von der angewiesenen Stra-
ße sich nicht entfernen; sein Regiment, Kompa-
gnie, Truppe nicht verlassen; und gedultig ohne
Murren die Beschwerlichkeiten des Marsches er-
tragen.

Ist es dem Soldaten erlaubet zu plündern?

Das Plündern natürlicherweise genommen,
ist ein wahrer Diebstahl; jeder Soldat, der ohne Befehl plündert, ist ein wahrer Dieb.

Zu gewissen Zeiten dennoch ist das Plündern
durch die Gesetze des Krieges zugelassen. Es ist
aber niemalen erlaubet, auch den Feind selbst zu
plündern, außer es wird von dem General
befohlen, und alsdann nur so viel und so lang,
als er es befiehlet und erlaubet.

Der Soldat ist schuldig, dem Feinde das zu
ersetzen, was er ihm ohne Befehl seines Kommendanten genommen hat. Der Officier ist schuldig, den Schaden gut zu machen, den seine Truppen verursachet, und er hätte verhindern können;
dieser Ursachen wegen hat man Officiers gese-
ßen, auf ihrem Todbette ansehnliche Almosen
austheilen in den Orten, wo sie kommandiret
haben.

Wenn das Plündern aus Staatsursachen erlaubet wird, muß man sich in gewissen Schran-
ken halten: niemalen sich von den Gesetzen der

Menschlichkeit entfernen, und niemalen die schuldige Ehrfurcht gegen alles, was sich gewissermaßen auf die Religion bezieht, vergessen.

Man hat bey der Armee öfters Soldaten aufhängen sehen, weil sie geweihte Gefäße geplündert, und die Gotteshäuser entehret.

Eine gutgebohrne und wohlerzogene Seele trägt kein Belieben an dem Plündern. Ein großes erhabenes Herz begnüget sich mit der Ehre des Sieges, und will sich keineswegs auf Unkosten und mit Schaden unglückseliger Nebenmenschen bereicheren.

Wie soll sich der Soldat im Quartier bey dem Bürger betragen?

Wenn der Soldat sein Quartier nach dem Reglement eingerichtet findet, welches der Bürger zu thun schuldig ist, so soll er darauf bedacht seyn, sich von seinem Quartierwirthe eher lieben als fürchten zu machen; er muß trachten, ihm so wenig als möglich zur Last zu seyn; er soll sich hüten, in dessen Hause böse Beyspiele zu geben; und soll allezeit friedlich, ehrbar, uneigennützig, dienstfertig und getreu seyn.

Der Bürger ist ohnehin gekränket, da er einen fremden Soldaten bey sich haben muß, ohne noch den Verdruß zu haben, Unordnungen und Aergernisse in seinem Hause zu sehen.

Es fehlet an der guten Erziehung und Liebe des Nächsten, wenn man in einem Hause
Zerrüttungen anstellt, und den Meister spielen
will.

Der Fürst, welcher dem Bürger die Quar-
tiere auflegt, befiehlt den Soldaten, sich t y d m-
selben bescheiden, und zu allen Zeiten als rechtschaffene Männer aufzuführen.

Wie hat sich der Soldat während dem Feldzug: aufzuführen?

Der Soldat soll während dem Feldzuge die
Kriegszucht weit genauer, als zu jeder anderen
Zeit, beobachten; alsdenn kann die Nachlässigkeit
eines einzigen Soldaten den Verlust einer Truppe, ja wohl einer ganzen Armee verursachen;
diesemnach erheischet die Vernunft und die Religion, daß der gemeine Soldat sowohl als der
Officier im Felde alle mögliche Achtsamkeit
auf seine Pflicht verwende; auf seinem Posten
emsiger und wachsamer; in Befolgung der Befehle seiner Oberen genauer; in Ansehung der
Ueberfälle wohl auf seiner Hut; und zur Vertheidigung oder dem Angriffe allezeit bereit, und
über dieses allezeit im Stande der Gnaden seye;
denn im Felde ist man keinen Augenblick sicher,
wo nicht gestritten werden müsse.

Heißt das nicht unsinnig seyn, sich alle Augenblick in der Gefahr sehen, getödtet zu wer-

den, und sich nicht bereit halten, vor dem er=
schrecklichen Gerichte zu erscheinen, welches un=
mittelbar auf den Tod folget, und von welchem
unser ewiges Schicksal abhängt?

Darf der Soldat zu Friedenszeiten, oder in den Win=
terquartieren die Kriegszucht vernachläßigen, ohne zu
sündigen?

Nein, keineswegs. Der Fürst verbietet es,
und Gott befiehlt dem Soldaten, dem Fürsten
zu gehorchen.

Wenn man sich nicht angewöhnte, die
Kriegszucht zu Friedenszeit, oder in den Win=
terquartieren zu beobachten, so würde solche im
Felde weniger geachtet werden. In Friedens=
zeiten muß der Soldat die Kriegsübungen und
seine Schuldigkeiten lernen, und im Felde muß
er dasjenige in Ausübung bringen, was er in
Friedenszeit gelernet hat. Wenn Truppen nicht
gut in der Garnison gezogen sind, werden sie
solches noch weniger im Felde seyn.

Giebt es einige Verbrechen, welche durch die Freyheit
der Waffen berechtiget sind?

Die Freyheit der Waffen kann keine Ver=
brechen berechtigen; jedes Verbrechen ist laster=
haft, und zu verabscheuen in allen Ständen.
Die Soldaten sowohl als alle andere Christen sind
schuldig, alle Gattungen von Sünden zu meiden.

Welche sind die Verbrechen, so man in dem Soldatenstande am meisten zu befürchten hat?

Das Fluchen und Gotteslästern, die Raserey zum Spiel, die Betrunkenheit, die Unzucht, die Ungerechtigkeit, der Zorn, und die
Rache sind die Verbrechen, welche man in dem
Soldatenstande am meisten zu befürchten hat, und
wider welche ein christlicher Soldat die größte
Behutsamkeit tragen soll.

Ist die Gotteslästerung ein großes Verbrechen?

Die Gotteslästerung ist ein außerordentli-
ches und scheusliches Laster, welches Gott öfters
in dieser Welt sehr schwer bestrafet hat. Die von
den Menschen verabscheute, und von Gott ver-
worfene Gotteslästerer nehmen gemeiniglich ein
böses Ende.

Das Gesetz Moses verurtheilte die Gotteslästerer gesteiniget zu werden; heut zu Tag werden sie ebenfalls zum Tode verdammt, auch öfters nach Umständen ihnen vorher die Zungen
ausgerissen.

Man muß sich aber nicht nur allein von aller Gotteslästerung enthalten, sondern auch von
allem unnützen und falschen Schwören, von allen
gottlosen und ungebührlichen Reden, und von
dem so abscheulichen Fluchen und Schelten. Warum will man seine Reden durch Ausdrücke

beschmutzen, welche zu nichts anders dienen, als Gott zu beleidigen, und den Nächsten zu ärgern?

Ist es erlaubet zu spielen?

Das Spiel in sich selbsten ist nichts böses, derowegen ist das Spielen erlaubet; wenn man nur keine verbotene Spiele, nicht zu lang, um kein zu großes Geld, und mit keiner allzugroßen Begierde spielet; wenn man im Spiel sich nicht in der Gefahr befindet, Gott zu beleidigen; und wenn das Spiel keine nächste Gelegenheit zu sündigen ist.

Die Soldaten besonders sollen die Leidenschaft des Spiels fürchten, welches unter ihnen so traurige Folgen hat. Sie verlieren im Spiel die Zeit, das Geld, ihr zeitliches und öfters ihr ewiges Glück.

Gott verbietet beträchtliche Summen im Spiel zu wagen, welche den Stand, in dem man sich befindet, sowohl als das Nöthige für sich und seine Familie übersteigen.

Gott verbietet zu viel Zeit auf das Spiel zu verwenden. Die Zeit ist ein kostbares Gut, welches Gott nur darum uns gegeben hat, damit wir an dem Heile unsrer Seelen arbeiten, und mit wichtigen Dingen uns beschäftigen sollen. Das Leben eines Spielers von Profeßion

kann kein christliches Leben seyn; es ist nicht das
Leben eines rechtschaffenen Menschen.

Das Gesetz Gottes verbietet uns zu spielen, wenn wir nicht spielen können, ohne in
Zorn , Gotteslästerungen und Fluchen auszu-
brechen.

Es ist nicht einmal erlaubet, mit Zornigen und
Gotteslästerern oder Fluchern zu spielen. Denn
das Spiel wird lasterhaft, wenn es für uns
oder für andere eine nächste Gelegenheit zur
Sünde ist.

Man ist auch schuldig, sich von allem durch
das Gesetz des Fürsten verbotene Spiel zu enthalten; dem Fürsten ist man schuldig in diesem
Punkt so, wie in allen übrigen, zu gehorchen.

Ist die Trunkenheit ein schweres Verbrechen ?

Die Trunkenheit ist eines von den schänd-
lichsten und abscheulichsten Verbrechen. Dieses
Laster vereitelt die schönsten Gaben der Natur;
macht den Menschen dem Vieh gleich, ja wohl
öfters dummer und grimmiger, als das
Vieh. Von einem Menschen, der dem Trunke
ergeben ist, hat man alles zu befürchten; man
kann ihm nichts anvertrauen, kein Geheimniß,
keine Posten, kein Amt u. s. w. Dieses verruchte Laster verderbet die Gesundheit, schwächet
den Geist, prellet in alle Gattungen von Unordnungen, und besonders bey dem Soldaten; der

größte Theil von ihrem Unglücke kommt von dem Trunke her.

Die Betrunkenheit ist desto abscheulicher und gefährlicher, weil sie ein Laster ist, das sich sehr schwer und selten verbessern läßt.

Ist ein Besoffener schuldig, für alle Excesse zu haften, die er in der Trunkenheit ausübet?

Obwohl ein in der Trunkenheit vergrabener Mensch sich nicht kennet, so ist er doch schuldig, vor Gott und der Welt für alle Excesse zu haften, so er in der Trunkenheit ausübet; weil er freywillig sich in diesen schändlichen Stand gesetzet, da er hat können und sollen voraussehen, daß er durch das Saufen sich der Gefahr aussetzet, Excesse zu begehen.

Ein Soldat, der Vernunft, Ehre und Religion hat, soll sich sorgfältigst vor der Trunkenheit hüten, besonders wenn er von einem feurigen gähen und zänkischen Naturell ist.

Muß ein Soldat wider das Laster der Unzucht stark auf seiner Hut seyn?

Ein Christ, der sein Seelenheil machen will, kann sich nicht genug vor der Unzucht hüten. Ein schändliches Laster, welches den Menschen mehr als alle andere tyrannisiret; welches ihn

endlicherUebel, und die Haupturſache iſt, warum
ſo viele Menſchen verdammet werden.

Die unreine Liebe zündet alle andere Leiden-
ſchaften an, und führet zu allen Gattungen von
Sünden; dieſe Leidenſchaft machet den Menſchen
raſend, unmenſchlich; ſie entheiliget alles; ſie
zerreiſſet die heiligſten Bande; ſie verfinſtert den
Geiſt, verhärtet das Herz, vergiftet alle Tugend; ſie erſticket den Glauben; ſie vertreibet
aus dem Herzen alle gute Meinungen von der
Religion, und gebähret endlich das Freydenken
und die Gottloſigkeit.

Die Unzucht macht den Weiſen thöricht,
und ſchwächet die Allerſtärkeſten. Salomon, der
weiſeſte unter allen Menſchen, betete die Götzen
ſeiner Beyſchläferinnen an, gleich nachdem
ſein Herz durch die Unzucht verderbet ward.
Simſon, die Geiſel der Philiſtäer, verlohr ſeine
Stärke und ſein Leben durch die Unzucht.

Gott beſtrafet dieſes ſchändliche Laſter öfters in dieſer Welt. Der Greul, ſo die Unzucht
auf dem Erdboden ausgegoſſen hatte, zwang
Gott, die Feſten des Himmels zu eröfnen, um
die verdorbenen Menſchen in einer allgemeinen
Sündfluth zu begraben. Um den unzüchtigen
Greul der Einwohner von Sodom und Gomorre
zu beſtrafen, ließ Gott dieſe zwey Städte durch
einen feurigen Regen verzehren.

Die unkeuschen Gewohnheiten hängen sich
dem Menschen bald und sehr leicht an: und man
hat alle Mühe anzuwenden, um sich von solchen
loßzuwickeln. Der mindeste Funken entzündet
in dem Herzen das unreine Feuer, uud dieses
ist sehr schwer auszulöschen, wenn es einmal
brennet.

Was für Vorsorge muß man anwenden wider das Laster der Unzucht?

Man muß alles meiden, was das Feuer der
Unzucht anzünden kann; seine Augen wohl bewahren; keinen Gegenstand anschauen, keine Bücher lesen, und keine Reden anhören, welche
diese Leidenschaft rege machen könnten; die Stärke, solche zu bestreiten, vom Himmel erbitten;
sein Herz öfters durch das Sakrament der Buße
reinigen; bey dem heiligen Tisch öfters das
Brod der Starken essen; mit dem heiligen Pau-
lus sein aufrührisches Fleisch durch die Buß und
Abtödtung fesseln: dieses sind die untrüglichsten
Mittel, die Keuschheit auch mitten unter den
Waffen zu bewahren.

Hat man auch in dem Soldatenstande zu befürchten,
wider die Gerechtigkeit zu sündigen?

Man hat in diesem Stande so viele Gelegenheiten, so viele Wege, und so große Leichtig-
keit, fremdes Gut an sich zu reissen, daß es

sehr gefährlich, sein Gewissen mit einiger Ungerechtigkeit zu beschweren.

Ein Soldat, welcher Ehre und Religion
hat, giebt nicht sowohl acht auf das, was geschieht, als auf jenes, welches mit gutem Gewissen geschehen könne; die Richtschnur seines
Wandels sind nicht die Beyspiele der Menschen;
weder die Mißbräuche, die unter den Kriegs-
leuten seyn können; noch die Vorurtheile der
Welt; er erkennet keine andere Richtschnur als
die Gesetze der Gerechtigkeit, und die Verord-
nungen des Fürsten.

Im Kriege mehr als anderswo muß man
wissen zu unterscheiden die Mißbräuche, welchen
man einigermaßen durch die Finger sehen kann,
von dem, was wirklich erlaubet ist. Die Liebe
zu einer guten Ordnung erheischet öfters, daß
man einige kleine Unordnungen dulde, um da-
durch größere zu vermeiden. Ein weiser General
macht öfters die Augen zu in Ansehung kleiner
Ungerechtigkeiten, so seine Truppen ausüben,
aus Furcht, daß eine allzugroße Strenge kein
größeres Uebel verursache. Nichts destoweniger
aber sind jene, die solche Ungerechtigkeiten ausüben, völlig strafbar, und schuldig, den Schaden
zu ersetzen.

Soll sich ein Soldat vor dem Zorn hüten?

Ein Soldat soll mit der größten Sorge alle Gelegenheiten und Aufwallungen zum Zorn meiden; diese hitzige Leidenschaft, welche Zerrüttungen in allen Ständen anzettelt, hat traurige Folgen unter den Soldaten.

Der Zorn ist lasterhaft, wenn sein Ursprung bös ist, und zu Gewaltthätigkeiten, zur Rache, und anderen lasterhaften Excessen verleitet.

Ein von Zorn aufgebrachter Mensch ist kein Mensch. Die Raserey macht ihn die Vernunft verlieren; sie stürzet ihn in die allergrößten Ausschweifungen, und verblendet den Geist dergestalt, daß sie ihm die geheiligtesten Rechte des Bluts, der Religion, und seine Schuldigkeit gegen Gott, gegen seinen Nächsten, und gegen sich selbst vergessen macht. Diese Leidenschaft, welche eine Feindin der Tugend, der Ordnung, des Friedens und der Ruhe ist, zündet an die Feindschaft, Spaltungen, Zänkereyen, und den Krieg; sie bringet die Unruhe in die Familie, und in die Staaten; sie schwächet das Ansehen und die Gewalt der Obern, und bläset den Untergebenen den Aufruhr ein.

Der Zorn ist ein Feuer, welches man in der Geburt ersticken muß, aus Furcht, daß es sich nicht mehr entzünde, und größeren Brand ver-

urſache. Man iſt ſchuldig zu meiden, vorzubeu,
gen und aufzuhalten alles, welches in uns und
in unſeren Nebenmenſchen den Zorn erwecken
kann.

Man muß den Zorn mäſſigen durch eine
chriſtliche Gelaſſenheit. Dieſe ſo nützliche und in
allen Ständen ſo nöthige Tugend ſoll beſonders
unter den Soldaten herrſchen. Es kömmt ihnen
mehr als allen anderen zu, untereinander viel
Gefälligkeit, Achtung, und Höflichkeit zu haben.
Trachten, niemanden zu beleidigen, und weis,
lich nachgeben, wenn man beleidiget wird; die,
ſes iſt die wahre Weisheit, und das Weſentliche
von der Höflichkeit. Wer nicht weiß nachzuge,
ben, weiß auch nicht zu leben. Wer in der Ge,
ſellſchaft der Menſchen nichts dulden will, muß
ſich in die Einſamkeit vergraben. Dieſer hat am
meiſten von den Menſchen auszuſtehen, der gar
nichts leiden will, und ſich über alles aufhält.

Es iſt kein ehrenswürdigerer Menſch, als ein
Soldat, der durch ſeine Tapferkeit ſich fürch,
ten, und durch ſeine Gelaſſenheit und Höflichkeit
ſich lieben macht.

Darf ſich ein Soldat wegen empfangener Beleidigung
rächen, ohne zu ſündigen?

Jeſus Chriſtus hat die Rache verboten.
Der ſo Rache ausübet kommt nicht in den Him,
mel. Gott wird uns unſere Schulden nicht ver-

geben, wenn wir nicht auch vergeben unferen Schuldigern. Es ist kein ewiges Heil für jene, die nicht ihre Feinde lieben.

Der Krieg ist rechtmäßig und nothwendig, weil die Völker und Fürsten, so keine Obere haben, sich nicht anders als durch den Weg der Waffen können Gerechtigkeit widerfahren lassen. Unter Privatleuten aber ist die Rache lasterhaft, weil diese sich können und sollen vertheidigen durch das Ansehen der Gesetze und ihrer Oberen.

Die heiligsten Könige und Fürsten haben Kriege geführet; und haben die persönliche Beleidigung vergeben. Ein christlicher Soldat streitet tapfer wider die Feinde seines Fürsten, und verzeihet großmüthig seinen eigenen Feinden; er rächet seinen Fürsten, und sein Vaterland, sich selbsten aber niemals.

Ist es eine lobenswürdige Handlung, den Zweykampf anzubieten, oder anzunehmen?

Der Zweykampf ist eine verruchte Handlung, welche der Vernunft und Menschlichkeit zuwider, und durch alle menschliche und göttliche Gesetze verdammet ist. Der Zweykampf ist eine wahre Unsinnigkeit, eine Grausamkeit, ein Aufruhr wider Gott und den Fürsten; und der größten Strafen würdig.

Heist dieses nicht närrisch und unsinnig seyn, um einen zeitlichen und vergänglichen

Schimpf gut zu machen, sein Leben, seine Seele, und sein ewiges Heil in die Gefahr setzen?
Heißt das nicht grausam seyn, seinen Bruder er-
würgen wollen, weil er uns in etwas beleidiget? Wenn man gerecht und mit Vernunft den
Zweykampf beurtheilet, so findet man in demselben
vielmehr Thorheit und Raserey, als Ehre und
Tapferkeit. Ein beherzter Mensch zeiget unendlich mehr Größe der Seele, wenn er einen
Zweykampf ausschlägt, als wenn er solchen wider die Verbote des Fürsten annimmt, und sich
die unausbleibliche Strafe dafür zuzieht.

Soll denn ein Soldat nicht auf seine Ehre halten?

Ja, ohne allem Zweifel, und zwar im Felde mehr als zu anderen Zeiten; man ist schuldig, sich einen guten Namen zu machen, aber
nicht anders als durch rechtschaffene und erlaub-
te Wege.

Die wahre Ehre bestehet in der Erfüllung
seiner Pflicht, in dem Gehorsam gegen Gott
und den Fürsten. Das, was durch die göttlichen und menschlichen Rechte verboten ist, kann
niemalen löblich seyn.

Welches ist die Hauptursache an der Ausgelassenheit
vieler Soldaten?

Es ist der Müssigang; dieser zerstreuet den
Geist, bahnet den Weg zu allen Leidenschaften,

und durch dieses ist er die Quelle von allerley
Lastern.

Wenn der Geist und das Herz nicht durch
eine nützliche Aufmerksamkeit, oder Arbeit be-
schäftiget ist, so führet uns der natürliche Hang
zum Bösen bald in allerhand Abgründe. Wenn
man christlich leben will, muß man stets eine
ernsthafte Beschäftigung haben.

Ist es nicht eine Schande, den größten
Theil seiner Tage in den Wirths- und Koffeehäu-
sern, oder hinter einem Spieltisch, oder bey
seiner Maitresse zubringen? Der Müssiggang zernichtet die größte Tapferkeit.

Alexander und Cäsar waren gelehrte Männer, und liebten die Bücher; alle Officiere sollten ihnen nachahmen, und ebenfalls das Lesen
lieben, welches sie nützlich und angenehm unterhalten würde. Das mathematische Studium
würde sie zu ihrem Dienst geschickt machen; die
Kenntniß der Historie würde ihnen öfters an-
statt der Erfahrung dienen; durch die große
Thaten tapferer Kriegsmänner würden sie auf-
gemuntert und unterrichtet werden; die schöne
Wissenschaften würden ihren Geist ausbilden;
gleichwie auch die Kenntniß der Sprachen ihnen
öfters sehr nützlich seyn würden.

Soll sich ein Soldat damit begnügen, daß er keinem strafbaren Fehler unterworfen?

Ein wahrer Christ soll sich nicht damit begnügen, ohne Fehler zu seyn, sondern er muß auch Tugend haben. Es ist nicht genug, das Böse zu meiden, das Gesetz Gottes befiehlt uns auch Gutes zu thun.

Die Tugend ist es, welche uns Jesu Christo dem Muster aller Auserwählten einigermaßen gleich macht. Ein Soldat so wie jeder andere Christ soll mit christlicher Tugend gezieret seyn.

Wie kann ein Soldat die christliche Tugend erlangen?

Der Soldat kann und soll im Stande der Gnaden seyn; und wenn man im Stande der Gnade ist, so hat man die christliche Tugend.

Die heiligmachende Gnade ist allzeit vereiniget mit der thätigen Liebe. Die Liebe ist die Wurzel und der Anfang aller christlichen Tugend. Eine Seele, so der heilige Geist mit Liebe erfüllet, ist in dem wahren Stande, alle Tugenden, so Gott ihr befehlen wird, auszuüben. In diesem Stande wirklich seyn, und diesen aufrichtigen Willen haben, heißt in der That das Wesentliche aller Tugenden haben; die Tugenden befestigen sich aber in der Seele des Gerechten, und gelangen zur Vollkommenheit durch den Beystand der Gnade, durch die Ausübung guter

Werke. Der Gerechte kann allezeit neuen Grad
der Tugend erwerben, und von Tag zu Tage tu-
gendhafter und vollkommener werden.

Die christliche Vollkommenheit bestehet al-
lerdings mit dem Soldatenstande. Man hat unter den Truppen tapfere Kriegsmänner gesehen,
welche so eifrig im Beten als Ordensgeistliche
gewesen; und so wenig als diese ihr Herz an die
Güter dieser Erden geheftet haben. Es ist keine Tugend, die ein Soldat nicht öfters ausüben
könnte.

Jeder Stand hat einige ihm eigene und
besondere Tugenden; weil ein jeder Stand seine besondere Pflichten hat. Man hat in einem
jeden Amt öfters Gelegenheit, gewisse Tugenden eher auszuüben, als andere.

Welche sind die dem Soldaten eigene Tugenden?

Diese sind: die Subordination, die Herz-
haftigkeit, die Liebe zur Kriegszucht, und der
Eifer für den Fürsten und das Vaterland.

Ist die Subordination sehr nothwendig unter den
Truppen?

Die Abhängigkeit und Subordination, welche in allen Gemeinden so nothwendig ist, ist
unendlich mehr nothwendig unter einer Solda-
tengemeinde.

Die vollkommene Subordination des gemeinen Soldaten gegen seine Vorgesetzten, aller Officiere gegen ihre Obere und Kommendanten,
dieser ihre gegen den Fürsten; diese allgemeine
Subordination, welche in Einen Leib so viele ver-
schiedene Glieder unter den Befehlen Eines Ober-
haupts vereiniget, machet die vornehmste Stärke
der Kriegsheere und des Staates aus. Die
Unabhängigkeit zernichtet bald die beste Armee.
Der Officier soll alle Mühe anwenden, seine
Truppen in einem vollkommenen Gehorsam zu
erhalten.

Sündiget der Soldat, wenn er seinem Officier den
schuldigen Gehorsam verweigert, oder ihm nicht den
gehörigen Respekt giebt?

Er sündiget ohne allen Zweifel; ja er sündiget sogar tödlich, wenn sein Ungehorsam eine
wichtige Sache betrift.

Der Officier, durch die Vollmacht des Fürsten berechtiget, kommandiret in Namen des Fürsten; die Gewalt des Fürsten kömmt von Gott
selbst: folglich dem Fürsten ungehorsam seyn,
heißt, Gott nicht gehorchen; dem Officier nicht
gehorchen, heißt, dem Fürsten nicht gehorsam seyn,
und demnach Gott beleidigen.

Sündiget der Soldat, wenn er sich aus dem Lager oder anderen Orten wider das Verbot entfernet?

Dieser Ungehorsam ist allezeit eine Sünde. Denn man giebt den Truppen dergleichen Verbote gemeiniglich aus wichtigen Ursachen, und unter schwerer Bestrafung; dieser kann man sich, ohne Gott zu beleidigen, nicht freventlich aussetzen.

Ist es erlaubet, den Feind anzugreifen, ohne hiezu Befehle zu haben?

Es ist mit Gewissen nicht erlaubet; auch sogar alsdann nicht, wenn man zu siegen hoffet. Was für Unordnung würde nicht unter den Truppen seyn, wenn jeder nach seinem Gutbünken streiten dürfte; diese einzige Unabhängigkeit würde bald die schönste Armee zu Grunde richten.

Kann ein Soldat durch den Gehorsam den Himmel gewinnen?

Der Gehorsam der Kriegsleute kann heilig und verdienstlich seyn so gut, als der Geistlichen ihrer: wenn ein Soldat seinen Oberen gehorchet aus Liebe zu Gott, und weil es Gott ihm befiehlt, so ist sein Gehorsam eine wahrhaft christliche und übernatürliche Tugend, würdig der himmlischen Belohnung.

Niemals wird der Soldat mehr subordinirt und besser gesittet seyn, als da er aus Grün-

ßen der Religion, und aus Liebe zu Gott ge‐
horchet.

Der Geist der Religion verherrlichet den Ge‐
horsam. Wenn der Soldat aus Liebe zu Gott,
den er in der Person seines Vorgesetzten erken‐
net, gehorchet, so gehorchet er keinem gemeinen
Menschen, sondern Gott selbst.

Ist es eine Sünde, aus Zaghaftigkeit die Flucht zu
nehmen, und seinen Posten zu verlassen?

Eine solche Flucht ist eine große Sünde;
sie ist mehr lasterhaft vor Gott, als schändlich
vor den Menschen. Die Furcht vor dem Tode
berechtiget niemalen einen Christen, seine Schul‐
digkeit außer Acht zu lassen.

Jeder Soldat ist vermög den Pflichten sei‐
nes Standes im Gewissen schuldig, sein Blut
und Leben nicht allein der Gefahr auszusetzen,
sondern auch aufzuopfern, wenn es sein Vorge‐
setzter für nöthig erachtet. Das Heil einer Ar‐
mee und des Staates hanget öfters von der Ver‐
theidigung eines einzigen Posten, von der Wach‐
samkeit einer einzigen Schildwache, und von der
Unerschrockenheit eines Subaltern ab.

Die christliche Religion verabscheuet die Zag‐
haftigkeit. Gott verdammet zu dem ewigen Feuer
diese Zaghafte, welche vor dem Feinde fliehen,
oder sich weigern anzugreifen, wenn es der
Kommendant befiehlt.

Der chriſtliche Glaube verſchaffet Muth und
Unerſchrockenheit. Es iſt kein Muth mehr heldenmäßig, als der Muth der Martyrer. Man
findet unendlich mehr Größe der Seele in den
chriſtlichen Helden, als in den heidniſchen.

Es giebt viele Leute, die erſt alsdenn ſich
muthig zeigen, wenn man ſie ſieht; ein wach-
ſamer Kriegsmann aber, welcher Glauben und
Frömmigkeit beſitzet, erfüllet ſeine Pflichten ſowohl im Finſtern, als im Angeſicht der Armee.

Die Allermuthigſten laſſen dann und wann
den Muth ſinken. Niemals iſt der Muth ſo ſtand-
haft und unwankelbar, als daer durch den Glauben und die chriſtliche Frömmigkeit unterſtützet
wird.

Nichts iſt geſchickter dem Soldaten Herz zu
machen, als die große Wahrheit des Evangelii.
Ein chriſtlicher Soldat wird niemals weichen,
und herzhaft aller Gefahren ſpotten, wenn ihm
der Glaube lebhaft vorſtellet, daß der Gott der
Heerſcharen ihn ſieht; daß dieſer große Gott ihn
einſtens richten; daß die Hölle die ewige Be-
ſtrafung ſeiner Zaghaftigkeit; daß der Himmel
die unausſprechliche Belohnung ſeines Muths
ſeyn werde; daß ein heiliger Tod den Anfang
ſeiner ewigen Glückſeligkeit mache: dieſe Wahrheiten können auch den AllerzaghafteſtenMuth machen.

Das Nagen der Sünde ſchwächet den Muth,
da hingegen ein gutes Gewiſſen ſolchen unter-

schrocken macht, Der, welcher in die Schlacht
gehet, nachdem er sich zuvor mit Gott ausge-
söhnet, scheuet viel weniger den Tod, als jenes, welcher, da er sich einer Todsünde schuldig
weiß, die Hölle zu seinen Füßen offen sieht.

Wie soll der Muth eines christlichen Soldaten beschaf-
fen seyn?

Der Muth eines christlichen Soldaten soll
niemals grausam, vermessen, noch ungerecht, sondern allezeit menschlich, weise, nach den Gesetzen der Gerechtigkeit gerichtet, den Befehlen des
Kommenbanten unterworfen, und allezeit auf die
Religion gegründet seyn.
Es giebt gewisse Gesetze der Menschlichkeit,
die man niemals aus den Augen lassen solle, auch
in der Hitze des Streites selbst nicht. Die
Menschlichkeit erlaubet nicht den Siegenden, von
allen ihren Vortheilen Gebrauch zu machen. Es
ist löblich, den Sieg mit Gelassenheit zu benutzen.
Oefters muß man das Blut der Feinde schonen; fast allezeit aber soll der Ueberwinder den
Kindern, Weibern, und allen denen, die keine
Waffen tragen, Gnade widerfahren lassen. Die
Befehle der Officiere sind hierin die Richtschnur
des gemeinen Mannes; der Officiere ihre ist
die Meinung und der Wille des Generals; und
die Richtschnur des Generals ist der Nutzen
des Staates.

Niemals muß man das Völkerrecht über=
treten; dieses ist ein Recht, welches von allen
Nationen erkennet wird. Es bestehet in gewis=
sen natürlichen Gesetzen, die alle gesittete Völker
heilig halten. Die Christen müssen den Krieg
mit mehrerer Menschlichkeit führen als die
Heiden.

Der Muth muß so und noch mehr als jede
andere Tugend von der Vernunft begleitet wer=
den. Die martialische Hitze, wenn solche blind
und vermessen ist, ist viel eher eine Thorheit als
eine Tugend.

Die Furcht vor dem Tode hält zwar einen
Kriegsmann nicht auf, wenn seine Schuldigkeit
ihn ruft; aber so muthig er auch immer seyn mag,
soll er niemalen vermessentlich der Gefahr spot=
ten ohne Befehl, und ohne Noth. Die Tapfer=
keit bestehet nicht in dem, daß man sich dem Tode
aussetze, sondern daß man den Tod selbsten für
nichts achte, wenn es die Schuldigkeit erheischet.
Sich ohne Ursache und Noth in die Gefahr se=
tzen, getödtet zu werden, ist keine Heldenthat,
sondern eine Thorheit, ein Laster. Eine ver=
messene That ist eine Sünde sowohl als eine zag=
hafte. Gott befiehlet uns, mit allen Gütern,
die er uns gegeben, zu wirthschaften; das Leben
ist das kostbareste Gut unter allen Gütern; Gott
selbst hat sich die Gewalt hierüber vorbehalten.

Ist der Muth eine Tugend?

Wenn der Muth aus der Vernunft entspringet, und sich nach derselben richtet, so ist solcher eine Tugend; ja er ist eine übernatürliche und christliche Tugend, wenn er aus christlichen Absichten herkömmt.

Da man in den Streit gehet darum, weil man durch das natürliche Feuer und Hitze angespornt, oder aus Liebe zur Ehre getrieben, oder durch Beyspiele der anderen bewogen, oder durch die Befehle des Kommendanten gezwungen wird, so ist die Tapferkeit, so heldenmäßig solche auch scheinet, keine Tugend; vielleicht ist sie keine christliche Tugend.

Wenn wir aber durch den christlichen Glauben angeflammet nur darum streiten, weil es unsere Pflicht erfordert, und Gott es uns befiehlet, so sind alle unsere Verrichtungen christliche und übernatürliche Werke: Sie werden in das Buch des Lebens geschrieben, wenn sie verdienen in dem Himmel gekrönet zu werden.

Was soll ein jeder Christ thun, welcher jetzt streiten soll?

Ein christlicher Soldat soll vor dem Streite sich in den Stand der Gnade setzen, durch Erweckung der Reu und Leid, des Glaubens, der Hofnung und der Liebe; und alsdenn in den

Streit gehen und sprechen: Mächtiger Gott der
Heerschaaren, belebe meinen Muth, unterstütze
meinen Arm; seye mein Schutz; der Sieg
hängt von dir allein ab; wenn du dich würdigest
für mich zu streiten, so habe ich nichts zu befürchten.

Ist es die Schuldigkeit eines Soldaten, sein Vaterland zu lieben?

Die Vernunft saget, daß wir alle eine besondere Neigung zu unserm Vaterland haben sollen; das Christenthum befiehlt uns, es zu lieben; jedermann ist verbunden, ihm zu dienen
nach seinem Stande. Die Kriegsleute sind schuldig solches zu vertheidigen auch mit Verlust des
Lebens; es ist nicht weniger christlich als glor-
reich, für das Vaterland sein Leben hingeben.

Soll ein Soldat auch für die Ehre und Glorie seines
Fürsten eifrig seyn?

Jeder Unterthan soll seinen Fürsten lieben,
und Eifer für seine Ehre und Glorie haben.
Alle Unterthanen eines Staats machen einen
Körper aus, dessen Haupt der Fürst ist; gleichwie nun alle Glieder auf die Erhaltung ihres
Haupts einmüthig beflissen seyn sollen, eben so
sollen alle Unterthanen, jeder nach seinen Kräf-

ten und Stande, sich die Vertheidigung und Größe ihres Souverain angelegen seyn lassen.

An der Glorie und Größe des Fürsten hat
die ganze Nation einen Antheil, und besonders
die Soldaten, welche die vornehmste Stärke
des Monarchen, und den ansehnlichsten Theil
des Staats ausmachen.

Der König David an der Spitze seines
Kriegsheers, und im Angesicht jenes der Phili-
stäer, wurde von einem gewaltigen Durst geplaget;
er schrie aus: O, wenn mir einer ein Glas
Wasser aus dem Brunnen, der an der Pforte
von Bethlehem ist, bringen möchte! Alsbald
wagten es drey tapfere Kriegsmänner, die feind-
liche Armee zu umschleichen, schöpften Wasser aus
diesem Brunnen, und brachten solches dem David. Dieser große König aber wollte es nicht
trinken, sondern heiligte es dem Herrn, und
sagte: Gott gefällt es nicht, daß ich ein Wasser
trinke, welches dreyen tapferen Soldaten das
Leben hätte kosten können.

Ein treuer Soldat ist großmüthig, und allezeit bereit, sich für die Erhaltung seines Fürsten, seines Generals, und seiner Vorgesetzten
aufzuopfern. Hingegen lieben auch der Fürst,
der General und die Vorgesetzten den Soldaten, und schonen seiner so viel, als es der Nutzen des Staats erlaubet.

Darf der Soldat auf seine eigene Ehre und Glori,
denken?

Die christliche Religion verbietet nicht den
Soldaten, bedacht zu seyn, sich einen Namen zu
machen, und durch die Glorie der Waffen ihr
höheres Fortkommen zu befördern; wenn es nur
nicht mit Nachtheil des Staats geschieht; und
sie ihr Seelenheil sich mehr als alles andere
angelegen seyn lassen. Was würde es dem Menschen helfen, wenn er die ganze Welt gewinnen,
seine Seele aber verlieren würde.

Soll der Soldat auch andächtig seyn?

Die Andacht, im wahren Verstande genommen, kömmt sowohl den Soldaten als anderen
Christen zu: denn sie macht den Menschen vernünftiger, liebenswürdiger und so gar tapferer
und glücklicher im Felde.

Auf was Art macht die Andacht den Menschen vernünftiger?

Weil die wahre Andacht anders nichts ist,
als eine dem göttlichen Willen vollkommene Un-
terwerfung, und ein aufrichtiger Vorsatz,
alles zu thun, was dieser große Gott von uns
verlanget; und weil Gott die allerhöchste
Weisheit und Vernunft ist: so heißt, sich seinem
göttlichen Willen unterwerfen, sich der Vernunft selbst unterwerfen; und folglich, jemehr

man andächtig ist, desto vernünftiger ist man auch. Der wahre Andächtige verlanget nichts, was Gott nicht will.

Warum wird der Mensch durch die Andacht liebens-würdiger?

Weil die Andacht den Menschen recht-schaffener, und zur Gesellschaft tüchtiger macht. Sie machet den Menschen rechtschaffener, weil er durch sie aufrichtiger, billiger, uneigennützi-ger und freygebiger wird. Die Andacht machet den Menschen zur bürgerlichen Gesellschaft tüch-tiger, weil er durch sie liebreicher, gütiger, eingezogener und gefälliger wird.

Gott will, daß wir zu allen Zeiten die Ei-genschaft eines rechtschaffenen Menschen haben, und die Wohlanständigkeit des gesellschaftlichen Lebens beobachten solle.

Schwächet denn die Andacht nicht den Muth?

Weit entfernet daß die Andacht den Muth schwächen sollte, sie vergrößert ihn vielmehr, und befestiget solchen.

Unter zweyen Soldaten, die gleich tapfer ge-bohren, wird jener, so wahrhaft andächtig ist, mehr Muth haben, als der, so gar keine An-dacht besitzet; denn dieser siehet vor sich zween Abgründe, da jener nur einen wahrnimmt: der eine hat zu befürchten den Tod und die Hölle;

der andere hingegen, der in dem Stande 1
Gnade ist, hat nur den Tod zu fürchten. D
Gottlosen feuern bloße weltliche Gründe an ; d
Andächtige aber wird in dem Streite durch d
nämlichen menschlichen Gründe, und überdie
noch durch die kräftigen Gründe der Religio
angespornt. Die Gegenwart Gottes , die Lieb
zu diesem göttlichen Meister, die Furcht seiner
Gerichte, die Hofnung zu dem Himmel, die
Beyspiele der heiligen Soldaten, die ganze Religion träget bey, einen frommen Soldaten un-
erschrocken im Streite zu machen.

Die christliche Frömmigkeit giebt Hofnung
and Versicherung in den höchstzweifelhaftesten
Unternehmungen des Krieges. Denn ein frommer Soldat fühlet, daß er Ursache zu hoffen habe, daß der Gott der Heerschaaren für ihn
streite.

Die Gottlosigkeit hingegen beunruhiget den
Gottlosen, welcher fühlet, daß er Gott selbst
zum Feinde habe. So tapfer auch immer ein
christlicher Soldat natürlicher weise ist, so ist es
dennoch unmöglich, daß solcher, da er in den
Streit gehet in dem Stande einer Todsünde, nicht
innerliche Unruhen und Aengsten habe, die da
im Stande seyn, die allerkühnste Unerschrockenheit
wankend zu machen.

Ein tapferer Soldat, der sich eines christlichen Wandels befleisset, ist gemeiniglich glücklicher

lieber im Streite, als die Freydenker und Gottlosen: Gott selbst hat öfters die fürchterlichsten
Kriegsheere zu Schanden gemacht, um die Laster,
so sie begiengen, zu bestrafen.

Worin bestehet die Andacht eines Soldaten?

Ein andächtiger Soldat liebet so wie jeder
andere gute Christ die äußerlichen Uebungen der
Frömmigkeit; er siehet aber solche nicht als seine
Hauptbeschäftigungen an, wie es die falschen An-
dächtigen zu thun pflegen; sondern er setzet zum
Grunde seiner Andacht, alle Pflichten eines Christen und Kriegsmanns zu erfüllen; er hat seine
ordentlichen Gebete; er empfänget mit Ehrfurcht die Sakramenten; er läßt in allen Gelegenheiten Ehrerbietigkeit blicken für alles, welches
sich auf die Religion beziecht; er übt seinem
Stande angemessene gute Werke aus; er schämet
sich nicht, das Gute zu thun, und andächtig zu
scheinen; er verlanget es aber nicht zu scheinen;
er suchet nicht, seine Frömmigkeit zu zeigen; er
verstellet sie aber auch nicht, wenn es nöthig ist,
daß sie erscheine.

Die tapfersten Soldaten sind öfters wahr-
haftig zaghaft in Sachen, was die Religion und
die Frömmigkeit betrift. Sie gehen muthig zum
Sturm, und getrauen sich nicht, die Sakramenten zu empfangen. Die fürchterlichsten Feinde
können sie nicht zum Weichen bringen, und die

Furcht vor der Welt hält ste auf, wenn ste die Pflicht des Christen erfüllen sollen; ist dieses nicht eine Schande?

Was für Gebete soll ein Soldat beten?

Ein christlicher Soldat soll Frühe und A-bends, vor und nach dem Essen die kleinen Ge-bete verrichten, die unter den Christen im Ge-brauch sind. Er soll öfters seine Arbeit, seine Kriegsübungen Gott aufopfern; ihn um seinen heiligen Segen bitten. Er soll an gebotenen Sonn- und Festtägen, wenn es ihm der Herrn-dienst erlaubet, dem göttlichen Dienste, und dem Wort Gottes mit Ehrfurcht beywohnen.

Es ist nicht möglich, ohne Thränen des Mit-leidens zu vergiessen, diese gottlose Soldaten se-hen, die einen ganzen Tag zubringen, ohne ein einziges Gebet zu verrichten, oder eine einzige Handlung der Religion auszuüben; als wenn kein Gott, und keine Hölle wäre.

Giebt es gewisse Zeiten, in welchen ein christlicher Sol-dat sein Beten verdoppeln solle?

Ein frommer Soldat betet öfters, wenn er versuchet wird, oder vorsiehet, daß er in der Ge-fahr sich befinde, versuchet zu werden. Durch die Beyhilfe der Gnade allein kann man die Ver-suchungen besiegen; man erhält aber diese göttliche

Beyhilfe gemeiniglich nicht anders, als durch das Beten.

Ein frommer Soldat verdoppelt auch sein Beten, wenn er sich in der Gefahr siehet getödtet zu werden. Unsere Ewigkeit hanget von dem Tode ab; demnach, wenn wir in der Gefahr zu sterben sind, müssen wir ohne Unterlaß um die Gnade, heilig zu sterben, bitten.

Ein christlicher Soldat fürchtet nicht den Tod, aber die erschrecklichen Folgen des Todes; je tapferer er ist, desto mehr Sorge soll er tragen, sich im Stande der Gnaden zu erhalten.

Wann soll ein Soldat die heiligen Sakramenten empfangen?

Ein christlicher Soldat ist schuldig unter einer Todsünde, alle Jahr einmal, und das um die österliche Zeit, zu beichten und zu kommuniciren; wenn er es in dieser Zeit nicht thun kann, so muß er es in einer anderen Zeit des Jahres thun. Er ist auch schuldig, diese Sakramenten zu empfangen, wenn er sich in die Gefahr begiebt, das Leben zu verliehren, z. B. den Tag vor einem Sturm, vor einer Bataille, wenn er es ohne Ungelegenheit thun kann.

Da aber heut zu Tage der Soldat von einem vorzunehmenden Sturm, Bataille u. d. gl. nicht eher etwas erfährt, als bis er schon wirklich zu solchem anrücket; so lieget einem christlichen Solbaten ob, ſich ſtets in dem Stande der Gnad zu erhalten; und wenn er jedoch in eine Todſünd gefallen, nicht warten, bis den Tag vor einer feindlichen Unternehmung, ſondern ſo bald es möglich, ſein Gewiſſen durch das Sakrament der Buße wieder zu reinigen, und ſich von neuem in den Stand der Gnade zu ſetzen.

Man ſtreitet ungemein viel glücklicher, und mit mehrerem Muth, wenn man ſich, bevor in den Streit zu gehen, mit dem Gott der Kriegs- ſchaaren ausſöhnet.

Ein weiſer und chriſtlicher Soldat richtet und ſchlichtet ſeine Sachen ſo wohl als ſein Ge- wiſſen, ehe er in das Feld gehet; er beichtet, er kommuniciret, er macht ſein Teſtament.

Soll der Soldat Ehrfurcht gegen die Religion tragen?

Chriſtliche Völker ſollen überall, und in al- len Fällen viele Ehrfurcht gegen die Religion, und alles, was ſich auf ſolche beziehet, zeigen.

Niemalen ſollen ſie von Religionsſachen an- ders als mit Ehrfurcht und Billigkeit reden; ſich nicht erkühnen, dasjenige zu verdammen, was ſie nicht verſtehen, auch nicht jenes durchzugrüb- len, was die Kirche gutheiſſet und berechtiget.

Man iſt ſchuldig alle geheiligte Sachen in Eh- ren zu halten; niemalen die heiligen Derter ſchän- den; niemalen anders in ſolchen erſcheinen, als

mit Sittsamkeit; und allen Religionsübungen mit
Auferbaulichkeit beywohnen.

Welche sind die christlichen Werke, die man in dem
Soldatenstande ausüben kann?

Es ist keine Tugend, die ein Soldat nicht
öfters auszuüben Gelegenheit hat. Er kann öfters Werke des Friedens ausüben, wenn er den
Streitigkeiten vorkommt, sie ersticket, oder ein Ende macht; Werke der Gedult, wenn er mit Willen und ohne Murren die Beschwerlichkeit des
Krieges erträgt; Werke des Eifers, wenn er
Gewalt hat, und den Excessen Einhalt thut; wie viel
Gutes kann nicht ein Officier, ein Kommendant,
der die christliche Stärke hat, ausüben, und wie
viel Böses verhüten! Werke der Barmherzigkeit,
wenn man den Verwundeten, den Sterbenden,
und armen Kriegsmännern beystehet, welche das
Unglück des Krieges in eine wahre Nothdurft
versetzet hat; einem Officier Geld vorstrecken,
damit er seine von dem Feinde verlohrne Equi-
page sich wieder anschaffen könne, ist eine große
That der christlichen Liebe; Werke der Gerechtigkeit und christlichen Liebe, wenn man das
Plündern und den Untergang Unglückseliger ver-
hindert; Werke des Gehorsams, wenn man die
Kriegszucht beobachtet; Werke der Milde, wenn
man denenjenigen verzeihet, die uns beleidiget haben, und ihnen Gutes statt Böses erzeiget; Wer-

te der Demuth, wenn man aus Liebe zu Gott
das hitzige und hohe Betragen seiner Vorgesetzten erträget, und lieber für die Ehre Gottes,
und seines Fürstens, als für seine eigene arbei-
tet; Werke der Buße, wenn man öfters in dem
Kriege Reu und Leid erwecket; Werke der Er-
kenntlichkeit, wenn man alles Glück der Waffen
Gott zueignet; Uebungen des Glaubens und der
Hofnung, wenn man in dem Streit all sein Zu-
trauen in den Schutz des Gottes der Heerschaaren setzet; öfters hat der Glaube christlicher Söl-
daten den Sieg erfochten.

Welche sind die vornehmsten Wahrheiten, an welche ein
Soldat öfters denken soll?

Was hilft es dem Menschen, wenn er die
ganze Welt gewinnet, seine Seele aber ver-
lieret?

Wozu werden in alle Ewigkeit die Lor-
berkränze und Glorie jenen berühmten Kriegsmännern, die in der Hölle brennen, dienen?

Es ist rühmlicher, sich selbsten überwinden,
als seine Feinde; aus Liebe Jesu Christi ver-
zeihen, als sich rächen.

Gott vergiebet jenen nicht, die ihren Feinden nicht vergeben.

Es ist eine große Thorheit, wegen einer
augenblicklichen Wollust die ewige Glückseligkeit
zu verscherzen.

Man ist niemals rechtschaffener, als da man ein guter Christ ist.

Um selig zu werden, ist es nicht genug, gut angefangen zu haben, man muß auch gut endigen.

Gott siehet mich: Gott wird mich richten.

Anhang

einer Ermahnung und Gebetes für die sterbende Soldaten.

Da es sich sehr oft und besonders im Felde bey der Armee zuträgt, daß die Soldaten in ihren Sterbstunden keine Beichtväter haben können, so folget hier eine Ermahnung, welche auswendig zu lernen wäre, theils für uns selbst, theils unsern sterbenden Kameraden beyzuspringen. Dieses ist nicht allein eine Handlung der christlichen Liebe, sondern es ist noch überdies das größte Zeichen der Freundschaft, welches man in einem so wichtigen Augenblick, von welchem die Ewigkeit abhängt, geben kann.

Mein lieber Kamerade, jetzt ist nicht mehr Zeit an die Welt zu gedenken, oder wenn du noch daran gedenkest, so muß es bloß geschehen, um seine schädlichen Fallstricke zu verabscheuen. Die Welt hat dich nur allzulang verführet: jetzt verläßt dich schon diese betrügerische Welt. So kann

nichts mehr für dich, und du wirßt bald aus derselben wandern, um vor Gott zu erscheinen, und
ihm von allen Unordnungen deines Lebens Re
chenschaft zu geben. Der Tod, dessen Stunde
allen Menschen ungewiß ist, hat bis auf einige
Minuten für dich nichts ungewisses mehr. Nun
mein lieber Freund, sammle alle deine Kräften,
um diese kurze Frist annoch gut anzuwenden. Es
ist noch Zeit; du haßt zu thun mit einem barm-
herzigen Gott, mit einem zärtlichen und gütig-
ßen Vater; er verlanget von dir nur eine Thrä-
ne, einen Seufzer, der aus dem Grunde des
Herzens gehet, und er ist bereit, dir zu ver-
zeihen: wollteßt du wohl deinen Gott auf ewig
verliehren? sollte es dir denn nicht von Schmerz
und Reu durchdrungen leid seyn, einen Gott beleidiget zu haben, der dir so viele Gnade er-
wiesen, einen Gott, der dich so sehr geliebet?

Ey so sage ihm denn mit mir, mein lieber
Kamerade, aber dein Herz muß es seyn, so es
saget: So überhäufet mit den Uebeln und
Schmerzen ich bin, mit welchen mich zu kränken
dir, o mein Gott, gefallen hat, sage ich dir dennoch Dank, und erkenne, daß diese gerechte Züch-
tigung, welche an mir auszuüben du dich wür-
digeßt, aus den Händen eines zärtlichen Vaters
herkommen; die Schmerzen, so ich leide, ent-
springen von der Sorge deiner Liebe, welche auf
alle mögliche Art Mittel suchet, um mich aus

dem Irrwege zu reissen, in dem ich mit einem
so lasterhaften Eigensinn gelebet; o strafbare
Blindheit, weil solche freywillig war! So
viele Gefahren, denen ich entgangen, so viele
Gnaden, mit welchen du mich überhäufet, ich
aber verachtet, hätten mit billig unwürdig dieses kostbaren Augenblicks gemacht, den du mir
gönnest, um mich wieder kennen zu mögen! O
wie vielen Sündern hast du ihn versaget, die
dich tausendmal weniger beleidiget haben als ich?
Barmherzigkeit von meinem Gott, ich danke dir!,
und verehre dich mit aller Unterthänigkeit und
Ehrfurcht, der ich nur fähig bin.

Mein göttlicher Erlöser, ich darf es nicht
wagen, an die Zahl meiner begangenen Laster zu
denken, aus Furcht, daß ihre Abscheulichkeit
nicht annoch meine Einbildung besudle, oder mich
gar in die Verzweiflung stürze; ich verfluche und
bereue sie alle, o mein Gott, und bitte dich
aus ganzem Herzen um Verzeihung. Ich bitte
die ganze Welt um Verzeihung, meine Kameraden aber insbesondere; wegen den bösen Bey-
spielen, so ich ihnen gegeben. Ich verzeihe von
gutem Herzen allen, die mich beleidiget haben;
ich bekenne vor dem Angesicht des Himmels und
der Erden, daß ich ein unglückseliger Sünder
bin, der die Hölle verdienet; in deine große und
unendliche Barmherzigkeit aber, o mein göttlicher Jesu, hoffe ich, erbarme dich meines Elends;
lasse dich rühren gegen meiner Demüthigung;
ich unterwerfe mich gänzlich allem, was deiner
Majestät mit mir anzuordnen gefallen wird; ge-
heiliget werde dein Name, dein Wille geschehe:
ich bin ein armer Erdwurm, der nichts hat, was
nicht dein ist: du hast mir das Leben gegeben, o mein Gott, vergieb mir den übeln
Gebrauch, den ich davon gemacht habe; nimm

es zurück, o mein göttlicher Meister, ich opfere
es dir mit Freuden auf; o mein Jesu, durch
die große Schmerzen und Peinen, so du für
mich gelitten haß, bitte ich dich, verleihe mir
die Stärke, alles Uebel, alle Schmerzen, die
ich leide, gebultig und aus Liebe zu dir zu er-
tragen; übe aus auf diesen müheseligen, kran-
ken und schmachtenden Körper alle Strenge deiner Gerechtigkeit; es ist gerecht, daß dieser Körper leide, weil er sich seiner Kräften nur dich
zu beleidigen bedienet hat; nur schone meiner armen Seele, o Gott, mache sie selig: erinnere
dich, daß sie dir lieb gewesen, daß sie der Preis
deines allerheiligsten Bluts seye, welches du aus
unendlicher Liebe für sie hast vergiessen wollen;
reinige sie, o mein Gott, durch die Verbienste
dieses kostbaren Blutes, mache sie würdig, dich
zu besitzen, und auf ewig sich mit dir zu verei-
nigen; in deine Hände, o mein Jesu, befehle
ich sie, erbarme dich ihrer, nimm sie auf, o
mein liebreichester Jesu; Barmherzigkeit, mein
Gott, Barmherzigkeit; Jesus mein Heiland; Jesus, du heiligster Name, seye auf ewig in mein
Herz gegraben; mein letzter Seufzer soll seyn,
ein Seufzer der Liebe zu dir, Jesus, Jesus,
Jesus.